El caracol Felipe

Felipe

y otros cuentos

Ana María Romero Yebra - Susana Rosique

ESQUIMAL

EL CARACOL FELIPE

Vive el caracol Felipe

en muchos sitios del campo

y lleva su casa a cuestas

cada vez que se va andando.

Siempre da largos paseos

recorriendo los caminos.

Es amable y educado

y saluda a los vecinos.

—¡Buenas tardes, señor Topo!

—¡Muy buenas tardes, Felipe!

—¡Qué guapa está, doña Oruga!

—¡Ay, qué bien! Si tú lo dices...

—¡Hola, doña Lagartija!

¿Está usted tomando el sol?

—Sí, Felipe. Tú ya sabes

que a mí me gusta el calor.

—Pues yo me meto en mi casa

a esperar tiempos mejores.

¡A ver si llueve un poquito!

¡No resisto estos calores!

Cuando aparecen las nubes,

el cielo se pone gris

y caen gotitas de lluvia,

el caracol es feliz.

Se ducha con agua limpia.

Se come la hierba fresca.

Y contempla el arcoíris

que sale tras la tormenta.

Una tarde que caía

una fuerte granizada

el caracol, como siempre,

muy contento paseaba.

Y una bola de granizo

aquella tarde de enero

en el medio de la concha

le hizo un enorme agujero.

Felipe se puso a salvo

en la rama de un olivo

y tapado por las hojas

allí se quedó escondido.

—Ya no podré pasear

con este agujero abierto,

pues me voy a acatarrar

si el agua se escurre dentro.

Felipe no se movía

por el miedo al resfriado.

Sus vecinos, al saberlo,

estaban muy preocupados.

—¡Ay, qué pena de Felipe!

¡Ya no sale ningún día!

—¿Y qué quiere usted, don Topo?

¿Que coja una pulmonía?

—¿Por qué no sale Felipe?

—les preguntó un pajarito

que acababa de llegar

y estaba haciendo su nido.

—Es que no puede mojarse

porque tiene un agujero

abierto sobre la concha

desde el granizo de enero.

El pájaro fue a cortar

una hojita del olivo

y la untó seguidamente

con la resina de un pino.

La pegó sobre la concha

con muchísimo cuidado

y le tapó el agujero

al caracol lesionado.

Felipe le dio las gracias

por tan buena solución

y siguió con sus paseos

bajo la lluvia y el sol.

LA RANA CLOTILDE

La rana Clotilde vive

en una charca del prado

y canta sobre unas piedras

que le sirven de escenario.

Su voz es poco armoniosa

y su canción repetida,

pero lo que le preocupa

es su figura perdida.

Cada mañana se pone

a dar saltos y carreras

porque quiere estar delgada...

La gordura no se lleva.

Y se encuentra muchas veces

con Felipe, el caracol,

cuando sale de paseo

bajo la lluvia o el sol.

Felipe le dice siempre:

—¡Cómo me gusta escuchar

tu canto desde la charca

y también verte nadar!

Tienes el perfecto estilo

de una buena nadadora...

Si lo sigues practicando,

serás una campeona.

Pero con tanto ejercicio

solo consigues cansarte.

En cambio, la natación

es mucho más relajante.

—A mí es que no me interesa...

Lo que quiero es perder peso...

Y aunque hago mucha gimnasia,

¡mira qué barriga tengo!

Pero es cierto que me aburro

de dar tanta voltereta

y no me sirve de nada...

¡Tendré que ponerme a dieta!

Pero... ¿qué voy a comer?

No me gusta la verdura...

No soy como tú, Felipe,

que te encanta la lechuga.

Yo prefiero los mosquitos,

las polillas y las moscas...

Y como las cazo al vuelo

no tengo que ir a la compra.

—Pues tal como yo te veo

me pareces muy bonita

y te equivocas si quieres

cambiar y ser delgadita.

¿Tú te has visto en el espejo

de la charca o en el río?

¡Mírate con buenos ojos

lo mismo que yo te miro!

Me gusta el verde brillante

que tiene siempre tu piel...

Y tu sonrisa tan grande...

Y tus ojos color miel...

—¿Es que puede ser, amigo

—le pregunta presumida—

que aunque me sobren diez gramos

yo te resulte atractiva?

—¡Pues claro que sí, Clotilde!

Los renacuajos vecinos

en cuanto te ven pasar

lanzan al aire suspiros.

Y pedirte en matrimonio

a muchos les gustaría.

¡Deja gimnasias y dietas

y no hagas más tonterías!

Yo soy pequeño y baboso,

pero me trae sin cuidado...

Debemos estar conformes

de cómo nos han creado.

Y voy con la casa a cuestas...

Pero pienso, de verdad,

que solo cuando te aceptas

llega la felicidad.

—¡Qué razón tiene Felipe!

—exclamó, de pronto, un sapo—.

Cuando cantas en las piedras

siempre te estoy escuchando.

Y me encanta tu piel verde

y tus ojazos de miel...

Si me dices que te gusto...,

¡qué feliz me vas a hacer!

Y no dejó de mirarla

mientras que le hablaba así:

—¡Qué bonita eres, Clotilde!

Dime..., ¿me quieres a mí?

Yo te doy mi amor de sapo...

Te quiero tal como estás

y espero que nunca, nunca

intentes adelgazar.

—¡Ay, que me quiere, me quiere!

¡Qué alegre estoy! ¡Qué ilusión!

¡Que me quiere este Sapito

mucho más gordo que yo!

EL ESCARABAJO PAQUITO
Y EL MOSCARDÓN

En un agujero oculto

por las flores y la hierba

Paquito, el escarabajo,

está durmiendo la siesta.

De pronto, se oyó un croac-croac

muy fuerte, como un estruendo.

Se quedó muy asustado

y se despertó del sueño.

—¿Quién puede hacer tanto ruido?

—Soy Clotilde. Y es mi canto.

—Pues... ¡cállate ya, pesada!

¿No ves que estoy descansando?

—Perdona, no lo sabía.

Canto porque estoy contenta,

pero ya voy a callarme

si mi canción te molesta.

Paquito volvió a dormirse.

Clotilde volvió a la charca

y estuvo un rato nadando

en la frescura del agua.

También estaba en el prado
un enorme moscardón.
Pasó zumbando y el ruido
a Paquito despertó.

—Pero ¡qué pelmazo eres!
—le gritó al moscardón negro—.
¿Sabes que me has despertado
de un dulce y tranquilo sueño?

—Pues lo siento de verdad,
pero no me imaginaba
que alguien pudiera dormir
mientras por aquí volaba.

Ni que estés tan escondido

en tu casa y tu agujero

con esta tarde tan linda

para salir de paseo.

¡Mira! ¡Aquí llega Sapito

con una flor en la mano

y se la lleva a Clotilde

porque están enamorados!

Han quedado con Felipe,

que viene un poco más lento

porque le pesa la concha,

pero va a llegar a tiempo.

Con él vendrán las hormigas,

mariposas y gusanos...

Mariquitas, saltamontes...

Los habitantes del prado...

La oruga, la lagartija...

¡Y hasta va a venir don Topo,

que nunca quiere salir

de su topera del chopo!

Y yo avisé al pajarito

que en la primavera anida

muy cerca de nuestra charca,

en las ramas de la encina.

Felipe lo quiere mucho

desde aquella granizada

cuando le ayudó a tapar

su concha agujereada.

Todos vamos a reunirnos,

organizar una fiesta,

y te vendrás con nosotros.

¡Olvídate de la siesta!

Pasaremos una tarde

de inolvidables momentos.

Con buena comida y baile,

estaremos muy contentos.

—¿Y qué se va a celebrar?

—Pues algo muy importante

porque el amor ha llegado

a la pradera esta tarde.

Y somos los invitados

de Clotilde y de Sapito,

que celebrarán la boda

estando con sus amigos.

IGLÚ

EL CARACOL FELIPE Y OTROS CUENTOS

© Texto: Ana M.ª Romero Yebra
© Ilustraciones: Susana Rosique Díaz
© de esta edición: IGLÚ, 2024

ISBN: 978-84-18488-57-3
Depósito legal: V-357-2024
Impreso en España

KALOSINI, S. L.
Grupo editorial olé libros
equipo@olelibros.com
www.iglueditorial.com